**CÍRCULO** *Luna Parque*
**DE POEMAS** *Fósforo*

# Garotas em tempos suspensos

Tamara Kamenszain

*Tradução*
PALOMA VIDAL

11  I. POETISAS
25  II. AVÓS
35  III. GAROTAS
45  IV. ANTIVATES
57  V. FIM DA HISTÓRIA

POSFÁCIO
59  E no entanto e no entanto:
o livro das *chicas* de Tamara
*Paloma Vidal*

*A Margo Glantz*

*Estamos diante de um tempo que não é o das datas.*

Georges Didi-Huberman

*I*

**POETISAS**

## 1.

Poetisa é uma palavra doce
que deixamos de lado porque nos dava vergonha
e no entanto e no entanto
agora volta em um lenço
que nossas antepassadas amarraram
na garganta de suas líricas roucas.
Se ele me telefonar diga que saí
Alfonsina pedira enquanto se suicidava
e isso nos deu medo.
Melhor poetas do que poetisas
ficamos combinadas então
para garantirmos um lugarzinho que seja
nos cobiçados submundos do cânone.
E no entanto e no entanto
outra vez ficamos de fora:
não sabíamos que os poetas
gostam de se tornar vates
já para nós garotas em linguagem inclusiva
a palavra vata não bate
porque nós mulheres não escrevemos
para convencer ninguém.
Por isso a poetisa que todas carregamos dentro
busca sair do armario agora mesmo
para um destino novo que já estava escrito
e que à beira de sua própria história revisitada
nunca cansou de esperar por nós.

## 2.

Quisemos ser chamadas como eles:
pelo sobrenome.
Rosenberg, Moreno, Bellessi, Gruss
e no entanto e no entanto
vem chegando a hora dos nomes
as uruguaias sempre tiveram
nome. Juana, Idea, Circe, Amanda.
Delmira, a primeira divorciada do Uruguai.
Delmira, a primeira vítima de feminicídio.
É claro que o que começou como poesia
teve que terminar como romance
porque Delmira já se divorciara
mas tinha um encontro com o ex-marido
em uma pensão barata
onde ele a aguardava
com um revólver na mesinha de cabeceira.
"Ele se suicidou sobre o peito sangrando da amada"
foi a manchete de *El Día* de Montevidéu evitando falar dela.
Entre a metáfora modernista de um peito sangrando
e a palavra feminicídio que não existia
Delmira se desdobrou para fazer e desfazer com a língua
o que lhe restava dizer.
Estranho amado de minha musa estranha,
escrevera ela a esse muso
que escarmentou o verso
até fazê-lo sangrar.

## 3.

Quando em 1999 escrevi um ensaio sobre Delmira
estava me separando depois de um casamento
de 25 anos.
Chamei-o "A divorciada do modernismo".
Me referia a ela, é claro,
e no entanto e no entanto
falava também de mim?
Não que eu queira espalhar
nas derivas deste confessionário
algum tolo apelo psicologista
minha pergunta se dirige ao coração
daquela velha crítica literária
que desprezava a vida privada
a favor de uma severa
pureza textualista.
É verdade que o velho biografismo
do qual Pezzoni ria em suas aulas
foi um vexame.
No melhor dos casos resultou
em uma não menos irritante
psicanálise aplicada.
E no entanto e no entanto
os autores enquanto escrevem vivem vidas
que valem a pena serem lidas.
Barthes já intuía isso que chamou
de nebulosa biográfica
pôr de novo na produção intelectual
um pouco de afetividade, nos disse ao confessar
"Acabei preferindo às vezes ler a vida de certos autores
[mais do que suas obras".

E a vida de Delmira e a minha quando escrevi sobre ela
estavam conectadas. Enquanto eu passava pela sombria
[tramitação
— "a sentença de divórcio chegou pelo correio", queixa-se
[Anne Carson —
antecipei as dores da papelada e coloquei
como epígrafe de um livro que estava escrevendo
estes versos de Delmira:
"Vem, ouve, eu te evoco.
Estranho amado de minha musa estranha".
E no entanto e no entanto
sem deixar a inspiração da poetisa
se esvair em sangue
suturei a boca de meus versos
para oferecer à crítica
o produto medido calado digno
de uma poeta.
Mais uma vez o que começou como poesia
teve que terminar como romance
porque eu só queria por fim
ser chamada pelo sobrenome.

## 4.

> *Pôr uma porta na boca das mulheres foi um projeto importante da cultura patriarcal da Antiguidade aos dias de hoje. Sua tática principal é uma associação ideológica do som feminino com a monstruosidade, a desordem e a morte.*
>
> ANNE CARSON

"Essas berrarias de comadre
que Storni costuma nos infligir"
escreveu Borges como quem diz
nós, vates, não gritamos
nós, vates, não temos vida pessoal
não somos compadres de ninguém
não lavamos a roupa suja
se nos apaixonamos é pelo amor
e não pelas pessoas que escondemos
debaixo do tapete da retórica
para evitar um escândalo.
"Gosto de ti calada como se te ausentasses"
escrevera o jovem Neruda.
E no entanto e no entanto
o que começou como poesia
ia terminar como romance.
Muitos anos depois a musa muda
que inspirou *Os versos do Capitão*
acabou não sendo esposa mas amante.

O adúltero culpado confessa em suas memórias:
para que as metáforas ilegítimas não o delatassem
decidiu esconder sua persona de autor
detrás do anonimato.
Mas isso não foi tudo.
Para que a artimanha fosse plausível
inventou um prólogo ficcional
em que uma tal de Rosario de la Cerda
envia a um editor o manuscrito
dizendo que seu anônimo Capitão
o escrevera para ela:
"Seus versos são como ele mesmo: ternos, amorosos,
apaixonados, e terríveis em sua cólera.
Era um homem privilegiado dos que nascem para
ter um grande destino. Eu sentia a força dele e meu maior
prazer era me sentir pequena a seu lado"
diz Pablo Neruda de si mesmo
em uma dupla operação de vatismo extremo:
traveste-se de mulher para fazê-la calar
ou para deixá-la falar unicamente
quando se refere a ele.
E no entanto e no entanto
para a segunda edição do livro
como o vate já se divorciara
seu ilustre sobrenome voltou a refulgir
no esplendor das capas.
(É o que cabe aos autores que nascem
para ter um grande destino.)
E os críticos?
Respeitosos da vida privada
ignoraram esse romance
e louvaram as metáforas nerudianas

aceitando que um Capitão sabe reduzir
com o prodígio de sua métrica
o corpo da amada:
"Diminuta e despida
parece
que numa das minhas mãos
cabes,
que assim te fecharei
e levarei à boca".

## 5.

A palavra feminicídio
não estava entre nós
a palavra muso
não estava entre nós
a palavra vata
não é para nós.
Mas a palavra poetisa sim
embora nos envergonhasse.
Eu não sou poetisa sou poeta
disse a mim mesma uma e mil vezes
aos vinte anos
não sou Tamara sou Kamenszain
me queixei sempre que alguém por escrito
aludia à minha obra me chamando pelo nome.
Quando as poetisas uruguaias já eram
puro nome
quando na Argentina não havia divórcio
quando na Argentina ainda nem há aborto legal
o Uruguai pequeno paraíso *vintage*
continua saindo na frente de nós
porque as poetisas com nome são
jovens velhas que se lidas de novo
piscarão o olho mais atual
para que a poesia de amor
renasça como renasce
em uns versos de Cecilia Pavón que dizem:
"quando estou no ônibus, ex-namorado,
como é lindo lembrar de você".

Alfonsina fez o seu virar ex
em uma operação tão coloquial
que antecipou Pavón enquanto escandalizava
a sobriedade borgiana:
"se ele me telefonar novamente
diga que não insista, que saí"
escreveu com um pé no mar
porque ao que parece o que começa como poesia
está destinado a terminar como romance.

## 6.

Eu sempre quis recuperar pelo tango
a lírica rouca do amor
mas também o romance que es dançarines desenham
sem largar o ritmo implacável
de suas histórias próprias.
E no entanto e no entanto
exagerar no pessoal não dá para mim
e no político menos ainda.
"Hoje entrarás no meu passado"
diz o tango como se lembrasse
que se o divórcio chegou pelo correio
nenhum poema poderá emendá-lo.
Então me pergunto a essa altura de minha idade
se é possível contornar as rasuras do amor
ou se é possível — como poeta como poetisa
ou como o que for que fui sou ou com sorte serei
por mais tempo —
continuar escrevendo.
Porque se tudo que começa como poesia
irremediavelmente vai terminar como romance
devo estar ficando fora de moda
quando acredito que minha irrelevante vida
é um romanção, uma dessas sagas
que lemos só
para poder chegar até o fim.
E no entanto e no entanto concluo agora
que o que começa como poesia
deveria poder terminar também como poesia
porque se não há mais nada para contar

depois de ter contado tudo
quando ele deixar uma mensagem de voz
eu vou poder me dar ao luxo
de não responder.

**II**

**AVÓS**

## 7.

Meu pai, que no entanto era avô,
se zangava muito quando as enfermeiras
o chamavam assim.
Elas se acham o quê? Por acaso são minhas netas?
costumava resmungar zangado
enquanto seu corpo velho chacoalhava na maca
rumo a alguma internação.
Hoje, quando na televisão monolíngue,
ama global do que a pandemia diz,
aludem aos velhos como avôs,
usam a mesma careta de bondoso desprezo
que irritava meu pai.
E no entanto e no entanto
quando minhes netes me chamam de avó
com a naturalidade de quem nasceu sabendo
como se ordena uma árvore genealógica
não me sinto velha antes me aninho
e encontro minha própria infância
sobreimpressa na des netes.
Mas o que começa como poesia
costuma terminar como romance porque as palavras
são todas nobres até colar nelas
o vírus do estereótipo.
Poetisa era nobre
até que foi usada para desprezar
nossas próprias avós
as grandes versificadoras do amor.
Avó é nobre quando na cadeia inclusiva
que a transporta até es netes

são eles e elas que me exigem
o uso de um idioma inventado
para aprender a falar.

# 8.

Los Abuelos de la Nada era o nome de uma banda de rock
como quem diz que não há nada por trás das gerações
que elas não vêm umas depois das outras
que como no tango
há cortes há quebradas há saltos ao vazio
não é necessário se tornar piegas
para aludir à idade
e menos à morte
e menos ainda à doença.
Eu chamava meu velho de velho
e seu sorriso quando me respondia sim, filha
o deposita de novo no mundo dos vivos
um mundo onde as pestes e as guerras
tinham feito parte de sua vida
e ninguém nem nada podia contaminá-lo.
É ele que invoco agora que estou assustada
porque na televisão me chamam de avó
e não me reconheço.
E no entanto e no entanto é verdade
que pertenço ao que a *intelligentsia* da televixão
chama de "grupo de risco".
Então eu me pergunto:
se o que é alarmista me deixa ainda mais assustada
e o que é piegas não me tranquiliza
como faço para não me contaminar?
Minha psicanalista diria
que o real a gente recebe sem tantos rodeios
porque é o que há e ponto.

(Suponho que com real ela se refira
a essa lasca de realidade que não esperávamos
e que no entanto no entanto
vira e mexe aparece
para nos surpreender.)
Eu em versão queixosa responderia
que pelo visto o real é um vírus
que nenhuma metáfora dissolve
e deve ser por isso
que o que nasce como poesia
não pode nunca
terminar como poesia.
Delmira não chegou a ser mãe
Alfonsina não chegou a ser avó
Blanca Varela perdeu seu filho em um acidente de avião
e segundo disse sua neta quando foi receber
o Prêmio Reina Sofía em nome dela,
desde que isso aconteceu, Blanca
"perdeu o dom da palavra [...] mergulhando em
um silêncio deliberado que com os anos chegou a
se tornar uma condição fisiológica".
A avó do nada parece ter cedido a palavra para sua neta
para que diga apenas
que não resta nada a dizer.

## 9.

Quando o Prêmio Cervantes foi para Nicanor Parra
o antipoeta mais antivate do universo
tinha 97 anos e também mandou seu neto
mas neste caso roteirizado:
"Neste momento e à distância, meu avô se
formula a seguinte pergunta:
O SENHOR SE CONSIDERA MERECEDOR DO PRÊMIO
[CERVANTES?
— Claro que sim
— Por quê?
— Por um livro que estou para escrever",
leu Cristóbal de dezenove anos
compenetrado no papel de *performer*
que Nicanor lhe cedera
sem levar em conta as diferenças geracionais.
No Youtube é possível ver as expressões constrangidas
de reis e sacerdotes
enquanto o adolescente enfronhado em um fraque alugado
esgrime com total desenvoltura e como se fosse dele
[próprio
a língua que o avô inventou para ele.
"Os prêmios são para os espíritos livres
e para os amigos do jurado",
recita Cristóbal com a mesma cara de paisagem que
[Nicanor teria feito
para que os que esperavam um vate
tivessem que digerir que aí havia somente
um avô menino.

## 10.

Nicanor teria se contaminado nesta pandemia?
Com certeza não.
A utopia do antivate
era passar por escrito o real
para confrontá-lo com a poesia
e demonstrar para si e para nós
que sempre conseguia vencê-la.
Um exemplo:
diante da língua piegas ou alarmista da televisão
Nicanor transmitia por sua conta:
"Epidemias e bandos de delinquentes/ Que se
dedicam a saquear as casas/ Abandonadas por
seus proprietários/ Em consequência das inundações/
O cardeal rezará uma missa/ Para rogar
pelos danificados/ Vão a cem as vítimas
fatais/ Onda de frio polar afeta/ A totalidade
do território/ Metade do país sem energia elétrica/
Desabam torres de alta tensão/ Essas e outras
notícias de interesse/ Na segunda parte do nosso
[programa".
Assim
obrigando a poesia
a se limitar ao real
ele foi transformando a poesia sem medo
em um verdadeiro antirromance.
Parece que só correndo semelhante risco
é possível é possível é possível
viver até os 103 anos
sem se contaminar.

**11.**

Quando enfim apareceu o neto de Estela de Carlotto
depois de uma busca de 36 anos
ela que fundara Abuelas de Plaza de Mayo
já tinha um saldo de mais de cem
netos alheios encontrados.
Mas neste caso também
o que começou como poesia
ia rumar rapidamente para o romance
porque os odiadores de sempre
diante do aparecimento inesperado de Ignacio
saíram a empunhar suas venenosas *fake news*
dizendo que se tratava de um impostor
que tinha sido pago
para se fazer passar pelo neto de Estela.
E no entanto e no entanto ela
sem se abalar com a judiaria disse apenas:
"Ele me procurou. Deu-se o que sempre dizíamos entre nós: são os netos que vão
procurar por nós".
Estela tem hoje noventa anos e também não vai se
[contaminar.
É tão conhecida que nenhuma enfermeira se atreveria a
[reduzi-la
à categoria televisiva de avó.
Ela, autêntica poetisa do real,
deu à palavra uma virada tão extraordinária
que o que é piegas e alarmista ficou dissolvido
diante do aparecimento de um verdadeiro
grupo de risco.

Mulheres que arriscando suas próprias vidas
fincaram os pés na Plaza de Mayo
sabendo que cedo ou tarde es netes
iriam procurar por elas.

# III

## GAROTAS

**12.**

Garotas é uma palavra doce
que não temos que deixar de lado
mesmo que nossa idade a desminta.
"Se alguém me chamasse, me buscasse
perguntaria por uma menina de mil anos",
nos diz Amelia Biagioni.
Sobre essa moça velha faz tempo escrevi um ensaio
chamado "No bosque de Amelia Biagioni"
porque ela descreve a si mesma
como chapeuzinho que arrasta pelo bosque
o peso de uma pergunta milenar:
"Com pulinhos de martim-caçador
chapeuzinho de cabelos brancos risonhos
tapa-olho perpétuo que oculta o assombro
sempre-verde traje de mítica palavra natural
botinas que sabem andar sobre a fogueira
e na mão um lápis azul — de meu sangue remoto —
que sela meus lábios
enquanto inscreve em mim sem rima outra versão
de minha pergunta milenar".
Amelia não especifica de que versão de sua pergunta se trata
mas em um bosque onde a infância e a velhice se cruzam
o mais lógico no meu caso seria me perguntar
que caminho devo tomar para evitar o medo.
Por isso penso que se ela vivesse hoje
certamente não se contaminaria
porque o chapéu de cabelos brancos risonhos
e o tapa-olho que oculta o assombro
a transformariam em mais uma das garotas

que sabem deixar o lobo bobo
com a charada da idade.
E no entanto e no entanto
o que começou como poesia
teve que rumar para o romance.
Quando Amelia leu meu ensaio
ficou incomodada porque em vários trechos
chamei de garotinha a menina, e as garotinhas,
segundo ela me escreveu depois em uma carta,
"não têm liberdade nem o dom de receber palpitações da
                                                                                                          [milenar sabedoria".
Eu que nessa época estava montada
na minha tola pretensão de ser Kamenszain e não Tamara
perguntei zangada à poetisa
se por acaso ela tinha medo de que seus leitores mais
                                                                                                                       [pacatos
se escandalizassem com o uso de uma palavra tão
                                                                                                                       [coloquial.
E no entanto e no entanto Amelia
não era nenhuma estrela do *mainstream* literário
mas sua críptica estranheza assustava
muito mais do que a palavra garotinha.
Foi assim que em um ato de magistério extremo
essa estranha usou para me rebater um oxímoro
com o qual aprendi que se uma palavra incomoda em uma época
pode nos fazer reviver em outra.
Ela me explicou que o que eu escrevera sobre ela
lhe produzia "uma feliz ruptura que faz voar".
Ela não só não tinha se contaminado
com os preconceitos de sua geração
mas se desvencilhara para poder voar até a minha
com uma generosidade que a colocou por cima
e a salvo de qualquer estereótipo.

## 13.

Teria aderido a menina de mil anos
ao que nós, garotas do lenço verde, reivindicamos hoje?
Talvez ela teria achado coisa de garotinhas
embora por escolha ela não tenha sido mãe
e nem sequer esposa e provavelmente também
nada além de platônica amante.
(Para os críticos que estudarem o elíptico poema
chamado "Olá adeus"
informo que existe sabe-se lá onde
uma corpulenta correspondência
entre Amelia Biagioni e Augusto Roa Bastos
que ela não me deixou ler
apesar de ter aberto a gaveta onde a arquivava
e com um olhar debochado ter me dito:
Isto é privado.)
Amelia confinada na sua torre
— "sobre infinitos andares e lojas/ bebo magia de chá
[dourado" —
foi nossa louca do sótão, nossa Dickinson,
a norte-americana que também brincava
de servir chá de mármore para a morte.
Como Emily mas um século depois
Amelia foi nossa vitoriana mais ousada
ergueu seu feudo entre quatro paredes
e no entanto e no entanto
teve a força de sair voando
como voam hoje os lenços verdes
sob a brisa maternal de uma Praça.
Não é preciso aderir à palavra garotinha.

Não é preciso aderir à palavra aborto.
Nem mesmo é preciso
aderir à palavra poetisa.
Na morada de Santa Teresa
na cela de Sor Juana
algo já estava querendo desde sempre
romper e sair às pressas
na direção do futuro delas
para nosso presente.

## 14.

Na idade na qual ser moça
coincidia com a minha idade
o aborto era sussurrado entre amigas
e a pergunta milenar era
qual caminho devo tomar para evitar o medo.
Entre nossa geração e a de nossas mães
um abismo de mútuos preconceitos
bastou para que o único diálogo impossível,
a afásica cumplicidade que nos unia,
fosse não dizer nunca
as palavras que não deviam ser ditas.
E hoje? Será que não se diz demais?
Porque cuidado que o que começa como poesia
pode terminar como um romance ruim.
(Me assusta um pouco o estereótipo
que algumas séries de TV constroem
obstinadas em fabricar para o mercado
histórias de supostas transgressoras.)
Estou velha? E nesse indubitável caso
posso pretender ser moça mesmo assim?
Quando estava na ridícula idade
que chamavam "de casar"
nunca falei com minha mãe sobre sexo
nunca falei com minha mãe sobre quase nada
e no entanto e no entanto
invoco minha mãe agora porque ela
pode me proteger dos contágios.
Embora fosse química e respeitasse
o cientificismo dos vates

durante a pandemia de pólio fabricou para mim
um colar do qual pendia
uma pedrinha de cânfora.

A pedrinha que ela não me deixava tirar nem para dormir
foi o amuleto mulheril que da mãe para a filha
afastava o ancestral medroso, esse fantasma que
como o lobo de Amelia ou o "real" de minha analista
espera uma oportunidade para me acossar.

## 15.

Minha mãe também preferia
ser chamada pelo sobrenome
dizia que no seu trabalho tinha que se mostrar dura
para poder lidar com os homens.
Por isso ela com sua dureza performática
— *tailleur*, cigarro, uísque ao voltar do trabalho —
me lembra um pouco Juana Bignozzi.
Especialista em lidar com os vates
a poetisa boa de briga
os enfrentava quando ainda ninguém
tivera coragem de fazer isso.
Jogava neles versos de comadre como estes:
"Não estou falando da solidão da alma
essas são coisas de poeta
solidão para mim é jantar sozinha na minha cidade".
Ou estes outros em que a rima é uma brincadeira:
"enquanto meus colegas escrevem os grandes versos da
                                       [poesia argentina
eu fervo vagem na cozinha".
Juana de fato teria gostado
de ser confundida com mais uma
das garotas de lenço verde
nessa Praça de avós militantes
pela qual ela teria avançado
exibindo um cartaz que dissesse
"ninguém sabe que uma mulher que entrou na velhice
volta a sentir".

**IV.**

**ANTIVATES**

*A Mario Cámara*

## 16.

Jacques Rancière fica surpreso que hoje
muitos de seus colegas de profissão — assim os chama —
saiam apressados pela demanda jornalística
para explicar o sentido histórico, e até ontológico!,
da pandemia
banalizando o inesperado e confinando-o
em uma cadeia causal que o transforma em previsível.
O pensador que inventou o oxímoro do "mestre ignorante"
estará aludindo aos vates?
Eu acho que sim
E seria possível dizer que ele mesmo, como mestre ignorante,
seria algo assim como um antivate?
Sim, com certeza.
E no entanto e no entanto
antivatas não há
porque nós, mulheres, eu já disse,
não escrevemos para convencer ninguém.


Rancière confessa estar se virando nestes dias
sem outra biblioteca além da que tem em casa.
Diz que em vez de especular sobre algum futuro messiânico
prefere se ater a esta realidade que nos cabe viver
e que ele define como "um tempo suspenso":
"Vivo essa suspensão em continuidade com a prática que me fez passar tantos anos, em bibliotecas ou arquivos, ocupado com histórias antigas ou esquecidas, sem relação aparente com a atualidade: os passeios dominicais de operários sansimonianos

dos anos 1830 ou as provocações do incrível
Joseph Jacotot, proclamando a possibilidade de
que cada ignorante aprendesse sozinho e sem mestre".
Como se tivesse escrito toda a sua obra em quarentena
o antivate se deixa suspender
dentro do espelho de seus livros anteriores
e conclui que agora vai continuar trabalhando
com o que tem.
Isso me faz pensar que é possível
aproveitar o que havia
para que quem sabe aí sim
suspenso sobre o fio do presente
apareça algo novo.
Algo que no entanto no entanto
de modo algum podemos prognosticar.
Eu me pergunto se a poesia
— antivata por excelência —
não funciona assim:
sem nostalgias, sem mistificações
traz para o presente o que já existia antes
e o deixa suspenso sem *happy ending*
como se fosse novo.
No romance pelo contrário
quando se diz era uma vez
você precisa acreditar que todo tempo passado
foi melhor.

## *17.*

Sozinha e confinada há mais de cem dias
amarrada ao relógio de minha própria surrada biblioteca
eu agora me identifico com as poetisas uruguaias
também com Amelia e com Emily,
sem falar em Juana e suas cenas solitárias.
Às vezes pensando que o que começou como poesia
pode terminar como romance
até releio a mim mesma
e encontro a garota que fui
e quero continuar sendo
essa que em um momento decidiu
como se fosse possível
não falar mais dele.
"Não falemos deles"
dizem as vozes das amigas
que se ouvem em *Tango Bar*,
aquele livro que eu estava escrevendo
a caminho do divórcio.
Essa conversa é o eco
de algo que na realidade nos propúnhamos
quando há anos em uma mesa de bar
algum papo de garotas desesperadas nos reunia.
E no entanto e no entanto
nesta quarentena sem bares
mas sobretudo no meu caso
sem maridos nem namorados dos quais falar
estou me desposando com alguns antivates
que me ajudam a atravessar como Alice
esse país do já visto
que de tão estranho dá medo.

Enquanto isso Rancière
do outro lado do espelho
se tranquiliza lendo as poetisas:
"Como nunca se aprende de vez a falar
corretamente, estou relendo os escritos de alguns poetas e poetisas — Mandelstam, Akhmatova, Tsvetáeva — que encontraram as palavras para expressar um outro desastre do qual foram testemunhas e vítimas, um desastre causado dessa vez exclusivamente pelos seres humanos, só pela sede de dominar e assegurar um saber global sobre a vida. É apenas isso que estou fazendo. Não é uma lição
para ninguém".

# 18.

Em uma carta que Enrique Lihn me escreveu
durante seus últimos dias de vida
ele descreve a situação de confinamento hospitalar:
"Correlato subjetivo dessa situação: não péssima,
escrevo e leio muito, não tem deprê propriamente
dita [...] e boa relação não monotemática com
os amigos — 90% amigas — que cuidam de
mim".
Em *Diario de muerte* alude em verso
a essas amigas quando diz que são as que
"têm direito à chave nesta casa à qual me sinto unido por elas".
Eu me pergunto agora do que essas mulheres falariam
quando por acaso coincidiam
na sala de espera do hospital.
Não sei mas acredito
que se Enrique deu a todas a chave de sua casa
foi porque não tinha nada para esconder
embaixo de nenhuma atapetada metáfora.
Ele, como Amelia,
não foi compreendido
pelo *mainstream* literário de sua época.
No *Diario de muerte* parece se dirigir
a algum vate a quem certamente
a obra estranha e acesa de meu amigo
incomodava:
"Bom, não te inquietes por nós, os pequenos/
se te sentes grande como dois romancistas/ um bom
e outro milionário/ podes ocupar com toda propriedade/
o lugar do Neruda do *Canto Geral*/ tudo
dele vende muito".

## 19.

Eu hoje neste confinamento que não é de hospital
mas que em meus pesadelos corporiza às vezes
situações de doença e até de morte
agradeço a Enrique suas apaixonadas e às vezes
bem-humoradas anotações que o conectam com sua casa
enquanto em mim na minha
despertam a vontade de escrever.
Mas como sempre o que começou como poesia
pode rumar para o romance, falta contar
que essa carta que ele me escreveu
foi recebida por mim só 24 anos depois de sua morte
como arquivo anexo de um email
que sua filha Andrea me enviou.
Ela me explica que dedicada a arrumar o arquivo de seu pai
deparou-se com um envelope fechado com meu endereço
que ele evidentemente não tinha chegado a mandar.
Em um poema de *Diario de muerte* o antivate afirma:
"Ninguém escreve do além
as memórias de além-túmulo são apócrifas".
E no entanto e no entanto...

## 20.

Solidão contágio doença morte
uma sequência sobre a qual minha mãe exclamaria oi oi oi
ou melhor *oi vei* essa outra expressão judaica
que denota consternação.
Marília Garcia, jovem poetisa brasileira
— uma garota, como são chamadas as *chicas* no Brasil —
me remete em seu livro *Parque das ruínas*
ao assunto da solidão na poesia.
Para fazer isso por sua vez alude a um livro
do poeta francês Emmanuel Hocquard
intitulado *Um teste de solidão*.
Ao que parece segundo Marília Hocquard
se isola em uma cabana construída por ele
e confinado ali — cito Marília
traduzida por Florencia Garramuño e Diana Klinger —
"busca compreender algo que seria uma realidade provisória
ele maneja o mundo com as palavras
ele maneja as palavras
às vezes vai à padaria comprar pão
vê a padeira que se chama Viviane
compra pão    volta para casa  observa        e escreve
no jardim da casa onde está
constrói um laguinho    um canal
no jardim da casa onde está
queima uma árvore deixando apenas o cepo queimado
o tempo passa    passa o verão
ele segue descrevendo objetivamente as coisas ao redor
segue testando e fazendo perguntas".

E como o que começa como poesia
pode rumar — inclusive na solidão — para o romance
Hocquard a certa altura se dirige a Viviane a padeira
e lhe faz perguntas. Marília o cita:
"Viviane, aqui tinha um *canal* e há um cepo
queimado.
Entre os dois, trinta passos, dezessete árvores
e oito estações transcorreram.
Qual operação, matemática ou lógica, pode
contar, ao mesmo tempo, em metros,
em árvores e em anos?
Será que se deve ao menos tentar?
Alguém sensato somaria pão com
emoção?"
Se eu fizesse agora um teste
não de coronavírus mas de solidão
certamente daria negativo.
Resultado: NÃO ESTÁ SOZINHA.
Graças a Rancière a Lihn a Marília
e também a Hocquard
— que acabei de conhecer através dela —
me albergo nesse tempo suspenso
no qual parece possível
somar pão com emoção.

## 21.

E a doença?
E a morte?
Desses assuntos já falei em outros livros
e não me resta nada a dizer.
Porque neste caso não há dúvida
de que o que começou como poesia
está terminando como um desses romances
em que nem o lamento do tango
nem o lamento judeu
nem o outro lamento com o que costumo estofar
o divã de minha analista
bastam para que o ritmo
a reza
o verso
a escansão
ou como queiram chamar
esse golpe que corta a prosa
em pedacinhos
se interponha entre a realidade e o que seja como for
merece ficar suspenso
sem prognóstico
sem metáforas
mas sobretudo
sem medo.

## V.

## FIM DA HISTÓRIA

> *você*
> *me dando lição sobre a política nacional*
> *com dissimulado ar paternalista*
> *eu*
> *acendendo um cigarro para não acender*
> *o molotov dentro de mim.*
>
> CELESTE DIÉGUEZ

Para o último volume
da *Historia feminista de la literatura argentina*
me pediram um artigo sobre as poetas do século XXI.
Vou investigar o que acontece com o amor
nos escritos dessas garotas de hoje
eu me propus entusiasmada.
E no entanto e no entanto
dizer poeta para dizer amor
não combinava comigo.
Resolvi então comparar musos
e os de Alfonsina e os de Delmira
pareciam se entender às maravilhas
com os de Cecilia Pavón e os de Celeste Diéguez.
Por essa estrada onde nem tudo o que começa como
poesia
termina como romance
reparei que algo já estava me esperando
do outro lado dessa história revisitada.

Longe dos tempos da cronologia
suspendida em uma galáxia descontínua
se apresentou a mim
como milagrosa língua morta
e explodindo de anacronismo inclusivo
a palavra poetisa.
Lembrei que Didi-Huberman diz
que o anacronismo é fecundo
e também que vivemos em um tempo
que não é o das datas.
Isso me deu coragem
para pôr como título do meu artigo
"As novas poetisas do século XXI".
E as garotas da minha geração?
Merecemos chamar-nos de poetisas?
Ou essa aliança velha-nova nos deixa de fora?
eu me pergunto agora que estou terminando
este livro que escrevi inspirada
no artigo que me encomendaram.
Não posso saber
serão outras que no verso
de uma foto do século XX
reconhecerão nossos nomes
eu digo enquanto vou me retirando.
E no entanto e no entanto
como se não me pertencesse
de repente deixo cair colada
aos dias da pandemia
                        uma data.

*Março-dezembro de 2020*

POSFÁCIO

# E no entanto e no entanto: o livro das *chicas* de Tamara

*Paloma Vidal*

*y sin embargo y sin embargo* — quando li esse estribilho de *Garotas em tempos suspensos* pela primeira vez lembrei do romance *Sarinagara*, do escritor francês Philippe Forest. Acho que Tamara não leu esse livro. Acho que ela teria gostado dele. É certamente um livro que ela poderia ter me recomendado. E todo ele, como Forest explica no final de seu breve "Prólogo", cabe na repetição da última palavra de um haicai do poeta Kobayashi Issa: *sarinagara*, *cependant*, no entanto — e no entanto e no entanto.

Não cheguei a comentar nada disso com Tamara: *Sarinagara*, Issa, a coincidência com o estribilho do livro que ela acabara de publicar, em junho de 2021. Há muitos aspectos desse romance e do próprio Forest que poderiam ter animado uma conversa, como por exemplo o fato de ele ter escrito uma história da *Tel Quel*, revista que aparece em seu *El libro de Tamar*. Mas acho que, nesse caso, eu teria chegado tarde demais. O que animava Tamara era o presente, aquilo que ela estava escrevendo e procurando, naquele momento, para os seus livros por vir, e que ela tinha necessidade de compartilhar com outres, convocades a pensar com ela, deixando-se provocar por essas conversas. A relação entre escrever e compartilhar se dava para ela explícita e intensamente, com o desejo de abrir no presente uma brecha que iluminasse a experiência.

Essa não era uma impressão só minha. Era algo com frequência comentado entre as pessoas próximas a ela. O poeta, companheiro neobarroco, Arturo Carrera foi direto ao ponto quando, em uma homenagem realizada após a morte de Tamara, pela Universidad Nacional de las Artes, onde ela lecionou e coordenou nos últimos anos a Licenciatura en Artes de la Escritura, começou perguntando: "Alguma novidade?". Para depois dizer: "Desde que Tamara morreu não posso deixar de pensar nessa pergunta. Estou obcecado com ela" — essa pergunta que era tão dela, que percorria e motivava tanto sua poesia como seus ensaios, e que para nós, leitoras e leitores, amigas e amigos, fica como uma interlocução a ser continuada no que ela escreveu.

✸

Em um trecho de *Livros pequenos* (2020), Tamara se refere a uma alfinetada de Josefina Ludmer, ao questionar a mania do "gosto-não gosto" de seus amigos, que à mesa do bar se deliciavam julgando este ou aquele livro. Quando digo que acho que Tamara teria gostado de *Sarinagara*, tenho em mente que, como ela explica nesse mesmo trecho, o gosto para ela tem a ver com o quanto um livro pode lhe despertar a vontade de escrever. É o que ela chama, de saída nesse mesmo livro, "*lecturas de trabajo*", a partir de uma observação de Macedonio Fernández: as leituras que, como diria Roland Barthes, a fazem levantar a cabeça do que está lendo para começar sua própria escrita.

Por que eu acho que ela teria gostado do livro de Forest? Seria um exercício de ficção imaginar, depois de ter lido *Garotas em tempos suspensos*, que dado livro poderia ter lhe servido de leitura de trabalho. Mesmo sabendo por onde orbitavam seus interesses em algum momento, não era evidente para onde rumava sua escrita e o que de uma indicação ou conversa poderia lhe servir nas suas buscas. Mas fazia parte de nossa relação essa imaginação do gosto alheio, que às vezes dava no alvo. E para além do que efetivamente viria a ser usado para escrever, havia o prazer de identificar, livro após livro dela, com deslocamentos imprevistos, o que poderia ser chamado de um "livro de Tamara".

De cara, acho que ela teria gostado da estrutura de *Sarinagara*. Há ali um tipo de rigor que eu imagino que Tamara exigia de quem fazia com ela "acompanhamento de obra", trabalho ao qual se dedicou durante muitos anos, como conta também em *Livros pequenos*, recebendo individualmente em sua casa pessoas que tinham um livro em processo. A palavra "estrutura" aparece em *Livros pequenos* relacionada ao poeta William Burroughs, que fazia uso dela "para que o leitor pudesse entender e participar da obra". Quando abrimos o índice do romance de Forest, encontramos, além do "Prólogo", sete partes numeradas, em que se alternam nomes de lugares — Paris, Quioto, Tóquio e Kobe — e as "Histórias de" Kobayashi Issa, Natsume Soseki e Yosuke Yamahata. Ao entrarmos nele, o livro nos oferece, intercalados e interconectados, episódios da vida do narrador nesses diferentes lugares e as histórias desses três personagens da cultura japonesa, um poeta, um romancista e um fotógrafo. A biografia e a autobiografia se cruzam lendo-se uma a partir da outra, com o luto como questão.

Um dos livros de Tamara cuja estrutura mais me impressiona é *El libro de Tamar* (2018). Escrito a partir do poema "Tamar" que seu ex-marido, o escritor Héctor Libertella, que morreu em 2006, escreveu usando anagramas do nome dela e deslizou por debaixo da porta de sua casa depois da separação, cada um de seus capítulos toma como mote um dos versos do poema, incluindo o desenho que os divide, sendo que alguns se repetem e um deles está dividido em dois (são nove versos e catorze capítulos). No primeiro dos dois capítulos com o título "(Mata tara)", sétimo do livro, ela começa dizendo: "'(Mata tara)' é o último verso de 'Tamar' e o único que aparece entre parênteses". Ela não segue a ordem dos versos no poema, mas das vias abertas e entrelaçadas pelas perguntas que eles provocam. Como diz Mario Cámara, é neste capítulo que, para explicar como chegou a ordenar o livro assim, "ela invoca María Moreno, sob o ritmo do rap, tomando os títulos dos capítulos de seu romance *Black out*, que se repetem uma e outra vez ao longo do texto, e encontra ali a recorrência necessária para dizer o que ela quer dizer". Nesse sentido, a estrutura é algo singular e imanente: não importa tanto se ela chega antes, durante ou depois da escrita, mas cada livro pede a sua própria, sendo que um dos desafios ao escrever é não lhe impor artificialmente algo que não lhe pertence, mas compreender esse pedido, que será uma entrada para quem desejar "entender e participar".

Ser entendida estava no radar de Tamara havia algum tempo. "Eu a esta altura da minha vida/ me sinto obrigada a ser clara/ embora nada nem ninguém o peça", dizem uns versos de *O livro dos divãs* (2014). No caso de *El libro de Tamar*, trata-se de entender o que na época em que o poema "Tamar" foi escrito não pôde ou não quis ser entendido: "nada do que eu vivera com meu ex-marido durante os vinte e cinco anos de relação ressoava para mim naquele momento em 'Tamar'". Esse desejo move o livro e, enquanto vai, verso a verso, desvelando os sentidos do poema, "debaixo da pesada maquiagem anagramática", Tamara refaz — e desfaz — a trama que uniu o casal em torno do amor e da literatura, ou melhor, da "escritura", termo com o qual sua geração nomeava, justamente, um modo de escrever que resiste à comunicação e do qual ela sente necessidade de se afastar, inclusive recorrendo ao "ofício de narrar": "sei pouco ou nada do ofício de narrar, mas vejo que em verso eu também não poderia tornar inteligível o que ele, depondo suas naturais condições de narrador, versificou para mim com a finalidade de me entregar toda uma história comum, condensada em uma combinação de letras".

É também uma história comum que Tamara entrega neste último livro, mas de outra ordem. Dividido em cinco partes — numeradas como no livro de Forest —, a última se chama "Fim da história" e começa se referindo a uma encomenda que ela recebeu para escrever um artigo sobre as poetas do século XXI, no volume final de *Historia feminista de la literatura argentina* (um projeto da editora Eduvim, dirigido por Laura Arnés, Nora Domínguez e María José Punte), inspirador do livro que temos entre as mãos. Do artigo ao poema, emerge a palavra "Poetisa", que, por dar início à escrita, dá nome à primeira parte, e atravessa todo o livro, até chegar ao fim como uma pergunta que Tamara faz na primeira pessoa do plural, como quem abre as portas de uma autobiografia por vir, a grafia de uma vida atravessada pelas de outras.

✷

Voltando ao livro de Forest, que se apresentou a mim como contraponto — pelo luto, pelo estribilho, pela estrutura —, lembro de vários romances que entusiasmaram Tamara: *O romance luminoso*, de Mario Levrero, *Os anos*, de Annie Ernaux, *Minha luta*, de Karl Ove Knausgård, *Charlotte*, de David Foenkinos. Pelo que fui acompanhando nas nossas conversas, esse entusiasmo se deu em momentos diversos, formando uma rede de obras de outras autoras e autores — literárias, é claro, e também filosóficas, teatrais e cinematográficas, que entravam no seu amplo radar de interesse pelo presente da arte e do pensamento — e atravessando, e sendo atravessado, pela vida fora dos livros, sobretudo pela política e pelas amizades.

 Essa diversidade de momentos, contudo, vai formando núcleos claros de sentido, por causa do retorno de questões, "voltas de uma espiral", como ela diz a Luis Chitarroni em uma entrevista, que é possível agrupar, como de fato a crítica fez, juntando um ou mais livros de poesia ou um ou mais livros de ensaio, ou uns com outros, mais próximos ou mais distantes no tempo: a herança judaica, os lutos familiares, os dilemas geracionais, os debates contemporâneos. Assim, por exemplo, o recorte que faz Adriana Kanzepolsky no volume dedicado a Tamara na coleção Ciranda da Poesia (EdUERJ). Percorrendo o trabalho de memória da sujeita enlutada, em vários tempos, que vão de *O gueto* (2003) a *La novela de la poesía*

(2012), que encerra o volume de sua *Poesía reunida*, passando por *Solos y solas* (2005) e por *O eco da minha mãe* (2010), livros "que podem ser lidos como quatro escansões que, com variantes, constroem um relato de luto, de lutos diversos e que, ao mesmo tempo, se sobreimprimem e delineiam um movimento de dobras e dobramentos de um livro ao outro".

De um livro a outro de poesia, as escalas no ensaio. Enrique Foffani, no prólogo que escreve à *Poesía reunida*, destaca uma alternância entre as duas escritas que "implica, justamente, um movimento flutuante, um contraponto entre discursos, uma abertura à disposição dialógica entre eles". As ideias e as imagens passam de uma para a outra, em um exercício pensante que, se estava presente em tudo o que ela escrevia, era porque definia sua maneira de viver. Nesse sentido, falar de "vida fora dos livros", como fiz antes, é um jeito de tentar circunscrever zonas da experiência indissociáveis para ela, ainda que, certamente, de ordens distintas. Porque fazer livros é um desejo que toma tudo. Tamara estava sempre pensando nisso, e o tempo do livro era o tempo de *um* livro, no qual, naquele momento, se cruzavam suas inquietações e indagações.

Os romances que a entusiasmavam alimentavam esse seu desejo dirigido ao livro, em que o "dualismo fora-dentro", como ela o chama em *Una intimidad inofensiva: los que escriben con lo que hay* (2016), se mostra limitado para definir o que se quer fazer. É interessante que o romance é mais uma de suas "leituras de trabalho", junto com o ensaio e a poesia, essas que permitem que a escrita avance no movimento incessante entre a vida e o pensamento; mas, para além desse regime de leituras, há um desejo de romance que vai sendo explicitado em vários episódios de sua obra, como no final de *O eco da minha mãe*: "Estive com minha mãe na morte duas vezes/ e nessas datas/ o que mais posso dizer?/ Diga o que disser/ no presente me sinto livre/ e acho até que de repente/ quem sabe.../ amanhã começarei um romance". O romance, esse gênero tradicionalmente rememorativo, é associado aqui, pelo contrário, a um presente que libera, a uma forma de "alívio", termo usado por Sandra Contreras ao comparar *El libro de Tamar* e *Livros pequenos*, associando a possibilidade de narrar ao desejo por "livros pequenos", que trazem a liberação da ambição da "grande obra" e dos "grandes temas" — resumida no "grande destino" que aparece nas palavras de Pablo Neruda, retomadas por Tamara neste livro novo.

O livro de poemas que se segue a *O eco da minha mãe*, *La novela de la poesía*, leva o romance no título e chega ao fim falando de *O romance luminoso*, que aparecerá várias vezes no que Tamara escreve a partir de então. Aqui, o romance de Levrero encerra uma reflexão condensada no estribilho "É isso falar da morte?", que pontua as três partes do livro. Tamara termina o volume que reúne sua obra poética até aquele momento com uma pergunta dirigida a ela. O que foi feito até aqui? E o que ainda há por fazer? A poesia é "até que a morte nos separe", o dom da insistência: "é preciso continuar é preciso continuar". Mas há algo, sempre, que ficará sem ser dito, sobre a morte, sobre os que não estão, sobre o tempo que passa. "Há coisas que não podem ser narradas", sentencia Levrero, e decide mudar de assunto, colado ao presente, escrevendo quinhentas páginas de um diário, enquanto o romance luminoso não vem.

Em *Una intimidad inofensiva*, Tamara associa o formato datado do diário nesse livro de Levrero à repetição do estribilho na poesia, que, por sua vez, se associa para ela à possibilidade de uma suspensão do que está sendo contado, que devolve a história a quem está lendo, através de "golpes de realidade". É como se, naqueles momentos em que poderíamos nos deixar levar, o estribilho cortasse nossa onda, e chamasse a atenção para "outra linha de leitura", como ela repete em *O livro dos divãs*: "sempre há outra linha de leitura, sempre há outra". O romance, assim cortado, pode virar poesia ou alguma outra forma menor, um "romancinho", mesmo que tenha quinhentas páginas. "Não querer ser um romance, mas, ao mesmo tempo, não poder deixar de sê-lo, reduz o livro de pretensões romanescas e o torna um romancinho", escreve Tamara sobre *O romance luminoso* em *Livros pequenos*.

Neste *Garotas em tempos suspensos*, o romance reaparece, insistindo em outro estribilho desdobrado ao longo do livro, com variantes: "o que começou como poesia/ teve que terminar como romance". O romance, neste caso, é o romanção, "uma dessas sagas/ que lemos só/ para poder chegar até o fim", esse ao qual querem nos condenar os conservadores e autoritários de plantão, na literatura e fora dela. E o romanção pode estar na poesia ou na prosa; é a linguagem piegas ou solene de quem se leva a sério demais, encarnada no que Tamara chama "vates", esses que preferem anular as contradições para poder continuar contando suas histórias sem se abalar. "E no entanto e no entanto" — aqui, como em outros livros, a poesia de Tamara insiste na pergunta, antídoto contra certezas que chegam rápido demais. Como escreveu Paula Siganevich sobre essa "poesia da pergunta", citando Edmond Jabès:

"perguntar é romper, é estabelecer um dentro e um fora; é se manter tanto em um como em outro".

✵

Tamara dedica um capítulo de *Livros pequenos* às "*novelitas de las chicas*": "vou me centrar no que me entusiasma ler neste novo século. Trata-se de uns romancinhos que mal roçam a ficção — também a crônica — e avançam como um raio para um final que cai, como fruta madura, quando não há mais nada a dizer". Veem-se aqui os fios que ela vai puxando de leituras feitas antes, para continuar a teia da reflexão — não à toa o capítulo se inicia com uma referência a *Formas de voltar para casa*, de Alejandro Zambra, que ela lera junto com Levrero em *Una intimidad inofensiva*. Interessam-lhe esses romancinhos que por pouco não narram nada, que mal avançam, que se detém no banal, próximos da anotação, aquém da ficção. É por esse viés que ela lê *Conjunto vacío*, de Verónica Gerber Bicecci, *O nervo óptico*, de María Gainza, e, para minha imensa alegria, o meu *Ensaio de voo*.

Já em *Garotas em tempos suspensos*, as *chicas* do livro anterior saltam para o título, protagonizando a cena como fizeram as mulheres que saíram às ruas da Argentina para exigir a aprovação da lei do aborto, sancionada pelo Congresso Nacional argentino em 30 de dezembro de 2020 — mês em que se encerra, como indica a data no final, a escrita deste livro — e promulgada em 14 de janeiro de 2021. Tamara, que escreve sozinha e confinada em seu apartamento, em um tempo suspenso por causa da pandemia, colada ao presente como Levrero, se faz, mais uma vez, acompanhar por outres, sendo que agora, atravessada por essa experiência das ruas e por uma reflexão feminista acerca da vida e da poesia, próprias e de outras mulheres, a primeira pessoa do plural no feminino se impõe desde os primeiros versos: "Poetisa é uma palavra doce/ que deixamos de lado porque nos dava vergonha/ e no entanto e no entanto/ agora volta em um lenço/ que nossas antepassadas amarraram/ na garganta de suas líricas roucas".

Também a questão da herança se apresenta desde o início. Se Tamara sempre se ocupou em seus livros de criar e recriar famílias — com a mãe e o pai, a filha e o filho, o marido que virou ex, companheiros e companheiras de geração, es netes —, para pensar genealogias e filiações, questionando lugares fixos de identidade, será a vez aqui de colocar no centro da discussão uma linhagem de mulheres. Daí que seja crucial repensar o nome. "Subvertendo a herança do pai que portamos no sobrenome, Kamenszain, que, em *O gueto*, instalou-se no sobrenome do pai — '*In memoriam Tobías Kamenszain. Em teu sobrenome instalo meu gueto*' — , agora inscreve uma transmissão pelo primeiro nome", escreve Danielle Magalhães. Fazendo uma releitura da própria obra, poética e ensaística, é por aí que Tamara começa a desdobrar suas reflexões: "Quisemos nos chamar como eles:/ pelo sobrenome". Para dali investigar os reveses dessa nomeação, começando pela poeta Delmira Agustini: "Delmira, a primeira divorciada do Uruguai./ Delmira, a primeira vítima de feminicidio".

Por um lado, essas reflexões pressupõem a centralidade do sobrenome em sua poética, no que diz respeito ao trabalho com o luto, a herança e a filiação, que deve ser considerado, como ressalta Kanzepolsky, referindo-se em especial a *O gueto*, no sentido de que "os poemas corroem os lugares de memória ou os lugares nos quais se alojaria uma suposta identidade". Isso diz respeito, ainda segundo Kanzepolsky, tanto aos "lugares de reconhecimento de uma filiação judaica, na qual o sujeito poético se posiciona como herdeiro", como aos "lugares de reconhecimento que possibilitariam filiar o livro de Kamenszain no interior daquilo que passou a se chamar literatura judaico-americana ou uma de suas variantes". Como resume Foffani: "Um Nome de Família: Kamenszain pode ser paradoxalmente uma maneira de sair do gueto".

Por outro lado, essas reflexões retomam contraleituras que Tamara veio fazendo em diversos momentos de sua obra ensaística sobre a poesia de algumas mulheres que viveram e escreveram rondadas pelo machismo e pela misoginia, que não deixaram de reverberar nas leituras que fez dela a "velha crítica literária/ que desprezava a vida privada/ a favor de uma severa/ pureza textualista". É justamente com uma delas, Delmira Agustini, que ela inicia seu livro de ensaios *Historias de amor* (2000) e com uma das questões que ronda também *Garotas em tempos suspensos*: uma divisão forçada que se faz entre vida e obra, em benefício de uma desvalorização de certas experiências — histórias de amor — que não se consideram dignas da pura poesia. É aí que Tamara, a polemista, se instala. Como escreve Jorge Panesi, referindo-se a esse livro de ensaios: "A polêmica é de duas pontas: com os críticos de poesia que assentaram ou canonizaram uma forma de ler para a qual os transbordamentos eróticos de Delmira Agustini são equiparáveis à loucura, por exemplo, ou com certos poetas que desempenham a *performance* masculina do grande vate".

Algumas mulheres, nascidas entre o final do século XIX e as primeiras décadas do século XX, protagonizam esse novo capítulo do romance da poesia de Tamara: Alfonsina, Delmira, Amelia, Juana. São mulheres que desejaram escrever e escreveram, mas que, para isso, tiveram que abrir um lugar que não estava previsto para elas, e por isso pagaram caro, isolando-se, fragilizando-se até o extremo, negociando com um entorno masculino e cedendo, mas também resistindo, aos seus desígnios. Tamara concentra na palavra "poetisa" as divisões desse desejo difícil: "Melhor poetas do que poetisas/ ficamos combinadas então/ para garantirmos um lugarzinho que seja/ nos cobiçados submundos do cânone". Como mostram as notícias diárias — mais terrivelmente ainda no Brasil —, a luta está em curso e o livro é uma convocação para que ela continue. "Por isso a poetisa que todas carregamos dentro/ busca sair do armário agora mesmo/ para um destino novo que já estava escrito/ e que à beira de sua própria história revisitada/ nunca se cansou de nos esperar". O tempo não tem a linearidade esperada; há avanços, recuos e suspensões. O número intolerável de feminicídios não deixa que nos enganemos, ao mesmo tempo que, como Tamara nos leva a entender, usarmos hoje essa palavra implica o início de um destino novo, em que pode haver julgados e condenados.

Sem dúvida, há uma politização nova neste livro, e a novidade está não nas posturas em si — que são rastreáveis, por exemplo, na já mencionada crítica que Tamara faz aos vates em *Histórias de amor*, que será retomada no mais recente *Livros pequenos* —, mas na forma como elas aparecem aqui, como um manifesto poético, que busca uma voz coletiva, e nos convoca a fazer parte dela, interferindo diretamente em um debate que excede a literatura, mas do qual ela participa ativamente. O debate feminista inspira e pontua *Garotas em tempos suspensos*, trazendo para a poesia a pergunta acerca de como resistir às investidas de um poder que age sobre corpos e escritas sendo mais *lovers* do que *haters* (para retomar uma fórmula que aparecia em *Una intimidad inofensiva*, para se referir a uma série de "escritores da intimidade-inofensiva-éxtima", como Cecilia Pavón, Fernanda Laguna e Mariano Blatt).

A pergunta acerca da resistência aparece no livro nas voltas das palavras "contágio" e "contaminar-se". Em um jogo com o contexto pandêmico de medo e incerteza, Tamara vai deslocando o sentido delas para falar de como não cair em soluções fáceis, políticas e poéticas, arriscando-se em vez disso na contradição e na instabilidade, diante de um real implacável, que nos assusta, nos choca e nos desconcerta. Assim, na parte "Avós", a pergunta pelo contágio reverbera em Nicanor Parra, "o antipoeta mais antivate do universo", e em Estela de Carlotto, "autêntica poetisa do real"; ela, com noventa anos, presidenta das Abuelas de Plaza de Mayo, responde com firmeza e simplicidade aos constantes ataques de odiadores e *fake news*; ele, que morreu aos 103 anos em 2018, forçou a poesia a colar no real, abandonando o lugar de vate dos poetas ilustres.

"E o amor? E o amor?", pergunta Tamara em *O livro dos divãs*, seu livro anterior de poemas. Era sobre ele que ela queria escrever no ensaio acerca das poetas do século XXI, acerca desse amor que renasce, pós-vates, nestes versos de Cecilia Pavón, citados por ela: "quando estou no ônibus, ex-namorado,/ como é lindo lembrar de você". Da solidão de seu apartamento pandêmico, suspensa em um tempo incerto, ela se pergunta se é possível para uma "*chica*" de sua geração contornar assim as "rasuras do amor" — essas que foram motivos de poesia em *Tango Bar* (1998) e *Solos y solas* (2005). O final de *O livro dos divãs* — jogando com o verbo "passar" e o "passe" tal como entendido na psicanálise lacaniana — se abria a uma cena em que María Moreno, que escreve o texto de apresentação, identificava um lenço, "atributo das lágrimas da viúva", sendo lançado à rua para interpelar alguém que passasse. Esse lenço, tingido de verde, logo seria protagonista de uma outra história, a da luta política mais importante dos recentes tempos na Argentina. "E no entanto e no entanto" — o que *Garotas em tempos suspensos* faz é juntar as histórias, de amores e lutas, como junta também o modo de contá-las, indistinto já entre ensaio, narrativa e poesia, cumprindo o que se convocava a fazer em *Historias de amor*: "será preciso inaugurar um território de promiscuidade onde outro amor se traduza como exercício inesperado".

✸

Tenho quase certeza de que o nome Tamara Kamenszain surgiu para mim em 2003, só não sei se foi através de Paula Siganevich e Mario Cámara, com os quais começava um projeto de revista — *Grumo* — entre Brasil e Argentina, ou se foi Carlito Azevedo quem me falou dela primeiro, quando me pediu que o ajudasse a revisar a tradução de *El ghetto*, que sairia como encarte do número 14 da revista *Inimigo rumor*. De lá para cá, uma amizade e um "acompanhamento de obra", dessa que não duvido em chamar de "mestra", uma "mestra ignorante", como ela mesma se chamou em *Livros pequenos*, apropriando-se do título de Jacques Rancière (personagem também deste novo livro), para definir da seguinte forma o trabalho que fazia com seus alunes: "é preciso poder pegar essa batata quente que é o desejo do outro, ajudá-lo a soltá-la". Nunca fui aluna de Tamara, mas a cada livro seu aprendi muito sobre meu próprio desejo de escrever, como não soltá-lo, como seguir alguns fios soltos, que parecem que não vão dar em nada, mas de repente fazem algum sentido, e a partir deles é possível continuar a falar sobre o que não pode deixar de ser dito.

Tamara me ensinou sobre a necessidade e também sobre a alegria da escrita, alegria inscrita em uma língua "abertamente *canyengue* e *arrabalera*", como escreve Ariel Schettini, em um texto que começa assim: "Quem quer que leia um poema dela pode descobrir, nesse abismo de insondáveis reverberações, que em algum lugar aparece o sorriso de sua voz que nos assinala a palavra como se nos perguntasse: e isso aqui?". Schettini capta algo que para mim se revelou realmente quando pela primeira vez traduzi um livro de ensaios seus — *Livros pequenos* —, cuja tradução eu estava terminando quando ela morreu, no final de julho do ano passado. Foram vários meses colada a essa língua dela, com uma sensação desafiadora de descoberta, como se algo entre o ensaístico, o narrativo e o autobiográfico estivesse revelando o poético.

Nesse período, passei uns dias em Buenos Aires e em uma conversa com ela disse que estava achando a tradução do ensaio mais difícil do que a da poesia. Depois me dei conta de que queria ter dito outra coisa, de que queria ter falado da revelação que se apresentava em expressões e termos efetivamente difíceis, ou até impossíveis, de traduzir — como o são *canyengue* e *arrabalera*, no texto de Schettini, a não ser que se explique sua relação com o tango — e que são no espanhol de Tamara o contrário da dificuldade, porque fazem parte de uma língua inclusiva e afetiva, e nem por isso menos perturbadora e incisiva — como, nesse mesmo texto, a pergunta "*y esto?*", que por enquanto traduzi por "e isso aqui?", sem conseguir trazer para o português a ironia malevolente que a inflexão da voz de Tamara colocaria nela. Uma língua de todos os dias, carregada de anacronismo, que de supetão desce a literatura do pedestal, em conversas pensantes que passam da poesia para o ensaio e dali para a mesa do bar, para o divã da analista, para o sofá da sala, para a sala de aula, de volta para a poesia.

E até aqui chegamos. A este livro que eu logo passei a chamar "o livro das *chicas*", quem sabe já prevendo que não seria fácil escolher um jeito de chamar em português essas mulheres que são aqui convocadas, desde a dedicatória à amiga Margo Glantz, que Tamara visitou no México no final de janeiro de 2020, última viagem sua para fora da Argentina, para comemorar os 90 anos dessa escritora de quem se tornou inseparável desde que morou exilada naquele país. Há nas *chicas* ecos múltiplos, que se perdem na passagem de uma língua para a outra, como o de algo pequeno, que ecoa *Libros chiquitos*; ou a ironia carinhosa das mulheres que já deixaram a juventude para trás e entre si continuam se chamando de "*chicas*". Agradeço a Marília Garcia (que é uma dessas mulheres convocadas por Tamara), por me dar o impulso que faltava na direção das "garotas", que efetivamente é a "palavra doce" que cabia, e por me incentivar a deixar aqui e ali a palavra "moça", como resto de uma conversa entre Tamara e eu em *Livros pequenos*.

Foi também com Marília que conversei sobre o que fazer com os *cortes* e *quebradas*, marca tangueira que decidimos deixar explicitada, acrescentando um verso ao poema, porque o tango aparece em vários momentos do livro. Vendo vídeos desses passos me peguei perguntando se Tamara sabia dançar tango. E pensei em perguntar para uma amiga em comum. E pensei que talvez haja uma resposta em seus livros. E pensei em traduzir *Tango Bar*. E senti muita saudade.

*São Paulo, julho de 2022*

## REFERÊNCIAS BIBLIOGRÁFICAS

AA.VV. Homenaje a Tamara Kamenszain, Universidad Nacional de las Artes, https://www.facebook.com/CriticadeArtesUNA/videos/homenaje-a-tamara-kamenszain/248846080300927, 24 ago. 2021.

CÁMARA, Mario. "¿Cuál es el otro lado del poema", texto lido no lançamento de *El libro de Tamar*, livraria Eterna Cadencia, Buenos Aires, 27 jul. 2018, disponível em https://www.eternacadencia.com.ar/blog/editorial/presentaciones/item/cual-es-el-otro-lado-del-poema.html.

CHITARRONI, Luis. "Maneras de Tamara Kamenszain", in revista *Ñ*, 7 ago. 2021, disponível em https://www.clarin.com/revista-enie/literatura/maneras-tamara-kamenszain_0_7XG27ATwU.html.

CONTRERAS, Sandra. "Tempo, escala, tiempos: el relato de larga duración de Tamara Kamenszain", in *Anclajes*, v. 26, nº 1, jan.-abr. 2022, pp. 21-36, disponível em https://doi.org/10.19137/anclajes-2022-2613.

DOBRY, Edgardo. "Tamara Kamenszain, el poema que se piensa", in *Babelia*, 5 fev. 2022, disponível em https://elpais.com/babelia/2022-02-05/tamara-kamenszain-el-poema-que-piensa.html.

FOFFANI, Enrique, "Tamara Kamenszain: La poesía como novela luminosa", in KAMENSZAIN, Tamara, *La novela de la poesía. Poesía reunida*. Buenos Aires: Adriana Hidalgo, 2012, pp. 5-47.

GARRAMUÑO, Florencia. "O passo de prosa na poesia contemporânea", in *Frutos estranhos: sobre a inespecificidade na prosa contemporânea*. Trad. de Carlos Nougué. Rio de Janeiro: Rocco, pp. 49-81.

KAMENSZAIN, Tamara. *Historias de amor (y otros ensayos sobre poesía)*. Buenos Aires: Paidós, 2000.

_____. *La novela de la poesía. Poesía reunida*. Buenos Aires: Adriana Hidalgo, 2012.

_____. *El libro de los divanes*. Buenos Aires: Adriana Hidalgo, 2014 [*O livro dos divãs*. Trad. de Carlito Azevedo e Paloma Vidal. Rio de Janeiro: 7Letras, 2014.]

_____. "A solteira como mãe póstuma (Alfonsina Storni)", in *Fala poesia*. Trad. de Ariadne Costa, Ana Isabel Borges e Renato Rezende. Rio de Janeiro: Azougue, 2015, pp. 75-88.

_____. "O motivo é o poema", entrevista com Luis Chitarroni, in *Fala poesia*. Trad. de Ariadne Costa, Ana Isabel Borges e Renato Rezende. Rio de Janeiro: Azougue, 2015, pp. 131-40.

_____. *Una intimidad inofensiva: los que escriben con lo que hay*. Buenos Aires: Eterna Cadencia, 2016.

_____. *El libro de Tamar*. Buenos Aires: Eterna Cadencia, 2018.

_____. *Libros chiquitos*, 2020 [*Livros pequenos*. Trad. de Paloma Vidal. Rio de Janeiro: Papéis Selvagens, 2021.]

KANZEPOLSKY, Adriana. *Tamara Kamenszain*. Coleção Ciranda da Poesia. Rio de Janeiro: EdUERJ, 2020.

_____. "¿'Un paso de prosa'? *El libro de Tamar* de Tamara Kamenszain", in *El jardín de los poetas*. Revista de teoría y crítica de poesía latino-americana, ano VI, nº 10, primeiro semestre de 2020, disponível em https://fh.mdp.edu.ar/revistas/index.php/eljardindelospoetas/article/view/4362.

_____. "As línguas do luto", in *O gueto/ O eco da minha mãe*. Trad. de Carlito Azevedo e Paloma Vidal. Rio de Janeiro: 7Letras, 2012, pp. 7-13.

KLINGER, Diana. "Tamara Kamenszain: uma promessa de sobrevivência", in *Literatura e ética: da forma para a força*. Rio de Janeiro: Rocco, 2014, pp. 93-104.

LEONE, Luciana di. "A poesia latino-americana: por uma poética do corpo grávido e da língua láctea", in *Poesia contemporânea: reconfigurações do sensível*. SILVEIRA RIBEIRO, Gustavo; PINHEIRO,

Tiago Guilherme; NASSIF VERAS, Eduardo Horta (Orgs.). Belo Horizonte: Quixote+Do Editoras Associadas, 2018, pp. 113-32.

MAGALHÃES, Danielle. "Ler, no corte, o que está prestes a nascer: *Chicas en tiempos suspendidos* de Tamara Kamenszain", in *eLyra* 18, dez. 2021, pp. 285-305, disponível em http://dx.doi.org/10.21747/2182-8954/ely18a16.

PANESI, Jorge. "Protocolos de la crítica: los juegos narrativos de Tamara Kamenszain", *Boletín* do Cetycli, nº 9, "El ensayo de los escritores", dez. 2001, pp. 104-15, disponível em https://www.cetycli.org/cboletines/panesi.pdf.

SCHETTINI, Ariel. "Kamenszain, Burguesa y militante", revista Ñ, 7 ago. 2021, disponível em https://www.clarin.com/revista-enie/literatura/kamenszain-burguesa-militante_0_c22Wbxk_E.html.

SIGANEVICH, Paula. "Tamara Kamenszain. Poeta y testigo", revista *Grumo*, nº 1, Buenos Aires, 2003.

TENEMBAUM, Tamara. "Y sin embargo y sin embargo", *Eldiarioar*, 3 out. 2021, disponível em https://www.eldiarioar.com/opinion/embargo-embargo_129_8361260.html.

Copyright © 2021 Tamara Kamenszain
Copyright da tradução © 2022 Círculo de poemas
Publicado mediante acordo com Eterna Cadencia Editora

*Obra editada en el marco del Programa Sur de Apoyo a las Traducciones del Ministerio de Relaciones Exteriores, Comercio Internacional y Culto de la República Argentina*
[Obra editada no âmbito do Programa Sur de Apoio à Tradução do Ministério dos Negócios Estrangeiros, Comércio Internacional e Culto da República Argentina]

Todos os direitos reservados. Nenhuma parte desta obra pode ser reproduzida, arquivada ou transmitida de nenhuma forma ou por nenhum meio sem a permissão expressa e por escrito da Editora Fósforo e da Luna Parque Edições.

**EQUIPE DE PRODUÇÃO**
Ana Luiza Greco, Fernanda Diamant, Julia Monteiro, Leonardo Gandolfi, Mariana Correia Santos, Marília Garcia, Rita Mattar, Zilmara Pimentel
**REVISÃO** Eduardo Russo
**PREPARAÇÃO** Flávia Péret
**PROJETO GRÁFICO** Alles Blau
**EDITORAÇÃO ELETRÔNICA** Página Viva

Dados Internacionais de Catalogação na Publicação (CIP)
(Câmara Brasileira do Livro, SP, Brasil)

Kamenszain, Tamara
  Garotas em tempos suspensos / Tamara Kamenszain ; tradução Paloma Vidal. — São Paulo : Círculo de poemas, 2022.

  Título original: Chicas en tiempos suspendidos
  ISBN: 978-65-84574-30-4

  1. Poesia argentina I. Título.

22-118120                                                    CDD — Ar861

Índice para catálogo sistemático:
1. Poesia : Literatura argentina    Ar861

Cibele Maria Dias — Bibliotecária — CRB-8/9427

**CÍRCULO** *Luna Parque*
**DE POEMAS** *Fósforo*

circulodepoemas.com.br          Editora Fósforo
lunaparque.com.br               Rua 24 de Maio, 270/276, 10º andar
fosforoeditora.com.br           01041-001 - São Paulo/SP — Brasil

**CÍRCULO** *Luna Parque*
**DE POEMAS** *Fósforo*

Este livro foi composto em GT Alpina e GT Flexa e impresso pela gráfica Ipsis em setembro de 2022. E no entanto e no entanto seguir em tempos suspensos tempo que não é o das datas.

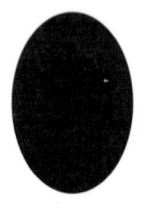